Inhalt

Konzernrechnungslegungsvorschriften - Änderungsvorschläge zu den verabschiedeten Neuerungen

Kernthesen

Beitrag

Fallbeispiele

Weiterführende Literatur

Impressum

Konzernrechnungslegun - Änderungsvorschläge zu den verabschiedeten Neuerungen

Annett Kaindl

Kernthesen

- Kurz nach der umfassenden Überarbeitung der Konzernrechnungslegungsvorschriften durch IFRS 10-12 hat der IASB weitere Änderungsvorschläge vorgelegt.
- Diese sehen im Wesentlichen punktuelle Änderungen an IFRS 10 und IFRS 11 vor.
- Die Änderungen sollen in Form einer Kurzfristlösung unterschiedliche Auslegungen in der Praxis abstellen.

Beitrag

Änderungsvorschläge des IASB an den Vorschriften zur Konzernrechnungslegung

Die internationalen Regelungen zur Konzernrechnungslegung wurden zuletzt im Mai 2011 durch die Verabschiedung von IFRS 10, 11 und 12 sowie Folgeänderungen in IAS 27 und 28 grundlegend überarbeitet. Trotzdem wurden im Nachgang weitere Änderungsvorschläge hinsichtlich dieser Standards verabschiedet. Dabei verdienen insbesondere die folgenden drei im November/Dezember 2012 verabschiedeten Entwürfe (Exposure Drafts "ED") des International Accounting Standards Board (IASB) besondere Beachtung: (1), (3), (4)

- ED/2012/3: Vorschläge zur Erfassung bestimmter Nettovermögensänderungen im Rahmen der Equity-Methode

- ED/2012/6: Veräußerung oder Einbringung von Vermögenswerten zwischen einem Investor und einem assoziierten Unternehmen oder Joint Venture

- ED/2012/7: Erwerb von Anteilen an einer gemeinsamen Geschäftstätigkeit

Die Entwürfe sehen zur Vereinheitlichung der Rechnungslegungspraxis vor allem (punktuelle) Änderungen an IFRS 10 und 11 sowie IAS 28 vor. Die vorgeschlagenen Änderungen klingen zunächst unbedeutend, da die angesprochenen Transaktionen nicht regelmäßig vorkommen. Im Falle ihres Eintritts kann es aber zu erheblichen Auswirkungen auf den Jahresabschluss kommen. (1)

Vorschläge zur Erfassung bestimmter Nettovermögensänderungen im Rahmen der Equity-Methode

Die Equity-Methode ist ein Rechnungslegungsverfahren zur Bilanzierung von Anteilen an und Geschäftsbeziehungen zu assoziierten Unternehmen und Joint-Ventures. Die Grundidee dieser Methode ist es, den Beteiligungsbuchwert in der Bilanz des Investors spiegelbildlich zur Entwicklung des anteiligen Eigenkapitals am beteiligten Unternehmen weiterzuentwickeln.

Die internationalen Rechnungslegungsvorschriften sehen hinsichtlich der Fortschreibung des Equity-Werts beim Investor eindeutige und meist unumstrittene Regelungen vor. Gleiches gilt für die Erfassung von Ausschüttungen beim Investor. Nicht explizit geregelt ist allerdings, wie sonstige Änderungen des Eigenkapitals beim Investor zu erfassen sind. Davon betroffen sind vor allem effektive Kapitalerhöhungen und -herabsetzungen sowie die Bilanzierung anteilsbasierter Vergütungen (soweit diese in Eigenkapitalinstrumenten erfolgen) beim assoziierten Unternehmen. Das nicht Vorliegen einer Regelung führte zu unterschiedlichen Bilanzierungsweisen in der Praxis. (1), (2)

Von Interesse sind vor allem effektive Kapitalerhöhungen und -herabsetzungen, an denen der Investor nicht proportional zu seiner Beteiligungsquote teilnimmt. Liegt ein solcher Sachverhalt vor, verändert sich zum einen die Beteiligungsquote des Investors, zum anderen aber auch die Höhe des Eigenkapitals des assoziierten Unternehmens. Unter Cases findet sich ein Beispiel, welches diesen Sachverhalt verdeutlicht.

ED/2012/3 schlägt vor, alle Eigenkapitaländerungen des assoziierten Unternehmens, die nicht aus dem Jahresergebnis, dem Eigenkapital oder der Ausschüttung von Dividenden stammen, im Eigenkapital des Investors zu erfassen. Bei Beendigung der Equity-Methode sind die so erfassten Beträge in die Gewinn- und Verlustrechnung (GuV) zu gliedern. (1)

Dieser Vorschlag schafft faktisch eine neue Eigenkapitalkategorie. Deren konzeptionelle Einordnung innerhalb des Eigenkapitals wird in ED/2012/3 nicht vorgegeben. Daher obliegt es den IFRS-Anwendern, deren Charakter festzulegen. (2)

Bisher unterscheiden die Rechnungslegungsvorschriften: (1)

- Eigenkapitalkomponenten beziehungsweise -änderungen, die aus Transaktionen mit den Gesellschaftern (in deren Funktion als Eigenkapitalgeber) stammen. Diese Transaktionen werden nicht in der GuV gezeigt, sondern unmittelbar in den relevanten Eigenkapitalkategorien in der Bilanz ausgewiesen.

- Eigenkapitalkomponenten beziehungsweise -änderungen, die aus anderen Sachverhalten beziehungsweise Transaktionen mit Dritten resultieren. Diese Transaktionen sind zunächst zwingend in der GuV auszuweisen und danach den gegebenenfalls relevanten Eigenkapitalkategorien zuzuweisen.

Nach dem Entwurf ist erstmals auch folgender Fall möglich: Zunächst nicht über die GuV erfasste Eigenkapitalbestandteile werden zu einem späteren Zeitpunkt erfolgswirksam in der GUV ausgewiesen.

Der Vorschlag des ED/2012/3 steht im Widerspruch zu großen Teilen des Schrifttums und auch der Praxis und ist mit der bisherigen Abgrenzung des Eigenkapitals konzeptionell nicht vereinbar. (1)

Veräußerung oder Einbringung von Vermögenswerten zwischen einem Investor und einem assoziierten Unternehmen oder Joint Venture

Dem Entwurf liegt nachfolgender Sachverhalt zugrunde: Ein Tochterunternehmen, welches einen Geschäftsbetrieb (Business) im Sinne der IFRS darstellt, wird entgeltlich oder gegen Gewährung von Anteilen auf ein Gemeinschaftsunternehmen (Joint Venture) oder assoziiertes Unternehmen übertragen. Die Übertragung führt zum Verlust der Beherrschung über das Tochterunternehmen.

Entsprechend ED/2012/6 sind alle Übertragungen von Tochterunternehmen, die kein "Business" darstellen, einer anteiligen Zwischenergebniseliminierung zu unterziehen. Bei Übertragungen eines "Business" erfolgt eine vollständige Ergebnisrealisierung.

Der Vorschlag, hinsichtlich des Umfangs der Ergebnisrealisierung zwischen der Veräußerung/Übertragung eines "Business" und sonstiger

"Vermögensmassen" zu unterscheiden, schafft aufgrund der Unsicherheiten bei der Abgrenzung eines "Business" zusätzliche Auslegungsnotwendigkeiten. (1)

Erwerb von Anteilen an einer gemeinsamen Geschäftstätigkeit

Dieser Änderungsvorschlag geht auf folgende im IFRS Interpretation Committee diskutierte Frage zurück: Wie ist der Erwerb eines Anteils an einer Joint Operation, die ein "Business" darstellt, im Abschluss des Joint Operators zu bilanzieren? IFRS 3 (Unternehmenszusammenschlüsse) enthält dazu keine Ausführungen, so dass in der Praxis unterschiedliche Vorgehensweisen hinsichtlich der Behandlung eines Goodwill, der latenten Steuern und der Anschaffungsnebenkosten zu beobachten sind. (1)

ED/2012/7 schreibt vor, dass bei Erwerb eines Anteils an einer Joint Operation, die ein "Business" umfasst, die Grundsätze des IFRS 3 anzuwenden sind auf den dem Erwerber zurechenbaren Anteil der Vermögens- und Schuldwerte.

Es wird klargestellt, dass die identifizierbaren Vermögens- und Schuldwerte nach den Grundsätzen von IFRS 3 wie folgt zu bilanzieren sind:

- Bewertung mit dem Zeitwert
- Erfassung der Anschaffungsnebenkosten als Aufwand (soweit sie keine Kapitalerlangungskosten darstellen)
- Bildung von latenten Steuern für alle temporären Differenzen (mit Ausnahme des Goodwills)
- Bilanzierung eines Goodwill für eine verbleibende (aktive) Differenz zwischen dem ermittelten Reinvermögen und dem Kaufpreis

Diese Regelungen sind auch für die Gründung einer Joint Operation anzuwenden. (1)

Trends

Der IFRS-Fachausschuss des Deutschen Rechnungslegungs Standards Committees stimmte den Änderungsvorschlägen durch ED/2012/3 als kurzfristige Lösung zu. Allerdings sollten nach Meinung des Fachausschusses zu einem späteren Zeitpunkt die Regelungen zur Equity-Bilanzierung konzeptionell überdacht werden. (3)

Fallbeispiele

Investor A ist zu 30 Prozent an einem assoziierten

Unternehmen B beteiligt. Das Reinvermögen von B zu Buchwerten beträgt 1 000 EUR, der Beteiligungsbuchwert bei A entsprechend 300 EUR. B führt eine Kapitalerhöhung durch, an der sich A nicht beteiligt. Dadurch fließen B 500 EUR zu, die Beteiligungsquote von A sinkt auf 25 Prozent, so dass der maßgebliche Einfluss weiterhin besteht. Das auf A entfallende Eigenkapital beträgt 375 EUR (1 500 x 0,25). Es stellt sich die Frage, wie die Differenz von 75 EUR bei A zu erfassen ist.

Hilfreich ist zunächst, sich zu überlegen, was wirtschaftlich hinter dieser Transaktion steht: Marktwerte unterstellt, weist das Vermögen von B augenscheinlich stille Reserven in Höhe von 1 500 EUR auf, da A für seine abgehenden 5 Prozent ein zusätzliches Vermögen in Höhe von 125 EUR (500 x 0,25) erhält ((125/5) x 100 = 2 500 EUR Marktwert von B). Zu Zeitwerten ist A also bisher mit 750 EUR (2 500 x 0,3) beteiligt. A verliert ein Buchvermögen von 50 EUR (1 000 x 0,05), erhält aber zusätzliches Vermögen in Höhe von 125 EUR. Die Differenz von 75 EUR stellt also das "Entgelt" der neu eintretenden Gesellschafter für die anteiligen stillen Reserven dar (1 500 x 0,05). Nach der Transaktion ist A also zu Zeitwerten weiterhin mit 750 EUR (3 000 x 0,25) beteiligt. (1)

Weiterführende Literatur

(1) Aktuelle Vorschläge zur Überarbeitung der (neuen) IFRS-Konzernrechnungslegungsvorschriften - mehr als nur punktuelle Änderungen?
aus Betriebs Berater Heft 9/2013 Seite 491

(2) ED/2012/3 "Equity Method: Share of Other Net Asset Changes" - eine kritische Analyse der "reasonable and expeditious short-term solution"
aus Kapitalmarktorientierte Rechnungslegung, Heft 4 vom 2.4.2013, Seite 173 -

(3) Stellungnahme zu Änderungsvorschlägen hinsichtlich der Equity-Bilanzierung
aus Kapitalmarktorientierte Rechnungslegung, Heft 3 vom 1.3.2013, Seite 171

(4) Stellungnahmen gegenüber dem IASB veröffentlicht
aus Kapitalmarktorientierte Rechnungslegung, Heft 4 vom 2.4.2013, Seite 215

Impressum

Konzernrechnungslegungsvorschri - Änderungsvorschläge zu den verabschiedeten Neuerungen

Bibliografische Information der deutschen Nationalbibliothek

Die Deutsche Nationalbibliothek verzeichnet diese Publikation in der deutschen Nationalbibliografie; detaillierte bibliografische Daten sind im Internet über http://dnb.d-nb.de abrufbar.

ISBN: 978-3-7379-1424-6

© 2015 GBI-Genios Deutsche Wirtschaftsdatenbank GmbH, Freischützstraße 96, 81927 München, www.genios.de

Alle Rechte vorbehalten. Dieses Werk ist einschließlich aller seiner Teile – z.B. Texte, Tabellen und Grafiken - urheberrechtlich geschützt. Jede Verwertung außerhalb der Grenzen des Urheberrechtsgesetzes bedarf der vorherigen Zustimmung des Verlags. Dies gilt insbesondere auch für auszugsweise Nachdrucke, fotomechanische

Vervielfältigungen (Fotokopie/Mikroskopie), Übersetzungen, Auswertungen durch Datenbanken oder ähnliche Einrichtungen und die Einspeicherung und Verarbeitung in elektronischen Systemen.